Gesamtgestaltung: Veronika Preisler, München
Druck: Print Best, Viljandi
Gedruckt auf umweltfreundlichem, chlorfrei gebleichtem Papier
Printed in Estland

ISBN 978-3-451-71731-4

Anna Butte

Wo geht's denn hier zur Krippe?

Mit Illustrationen
von Katja Jäger

HERDER

FREIBURG · BASEL · WIEN

In einem Stall in Nazaret sitzt ein Kaninchen und schluchzt:
„Sie ist weg!"
Pippa, die kleine Maus, steckt neugierig ihren Kopf aus dem Heu.
„Wer ist weg?", fragt sie.
„Maria und Josef haben sie mitgenommen. Heute Morgen, ganz
früh, als sie mit dem Esel aufgebrochen sind – nach Betlehem.
Josef muss sich dort in eine Liste eintragen. Befehl des Kaisers.
Und jetzt ist sie weg!", erzählt das Kaninchen Kasimir.
Pippa schüttelt verständnislos den Kopf: „Hä? Aber wer? Wer ist
weg?"
„Na, meine Kuscheldecke! Die war in der Satteltasche des Esels!"
„Ach so! Sag's doch gleich!" Pippa denkt scharf nach. Sie wittert
ein Abenteuer und piepst aufgeregt: „Los! Worauf wa-wa-warten
wir? Wir gehen hinterher – und holen deine Decke!"

In welche Richtung Maria und Josef wohl gegangen sind?

„Ko-ko-komm, schnell!", ruft Pippa, die immer ein wenig stottert, wenn sie aufgeregt ist. „Wir folgen den Hu-hufspuren des Esels." Folge auch du den Spuren im Sand und hilf den beiden, den richtigen Weg zu finden.

Maus und Kaninchen sind schon eine Weile unterwegs, da fallen ihnen die Wolken am Himmel auf.
„Schau mal! Da ist ein Stiefel", ruft Kasimir und zeigt hoch.
„Huch, und da eine Ka-katze!", meint Pippa erschrocken.
Findest du noch andere Wolkenbilder?

Uhuuuuu!

Nach einem langen Marsch durch die Berge schlagen
Maus und Kaninchen ihr Nachtlager auf. Sie sind
schrecklich müde. Über ihnen leuchten die Sterne.
„Mir ist kalt. Ich will meine Decke!", jammert Kasimir.
„Komm her, ich wärme dich", schlägt Pippa vor.
Eng aneinandergekuschelt zählen sie die Sterne.
Wie viele Sterne kannst du entdecken?

„Wusstest du, dass Maria bald ein Baby bekommt?",
fragt Kasimir beim Einschlafen. „Und zwar ein ganz,
ganz besonderes! Den Sohn Gottes! Ein Engel war bei
ihr, um ihr diese frohe Botschaft zu überbringen."
Pippa schaut erstaunt. Doch nicht nur sie spitzt
neugierig die Ohren. Jemand, der großen Appetit
auf Kaninchen hat, hört heimlich mit.
Wo hat er sich versteckt?

Am nächsten Morgen brechen die beiden wieder auf.
Ihre Mägen knurren ...
„Toll, da hängt ja unser Früh-hü-hü-stück", meint
Pippa vergnügt und zeigt auf einen großen
Apfelbaum. Flink klettert sie los, um an die leckeren
Äpfel zu kommen. **Aber wo muss sie entlang?**

Autsch!

Als sie weiterziehen, begegnen ihnen Hirten. Diese berichten noch ganz erstaunt, wie ihnen in der Nacht Engel erschienen sind. Sie haben die Geburt von Gottes Sohn angekündigt. „Das muss Ma-ma-rias Baby sein", ruft Pippa aufgeregt. „Nichts wie los!"

Sie blickt sich um.

Doch hoppla, wo ist das Kaninchen geblieben?

Hihihi!

Maus und Kaninchen möchten dem neugeborenen Kind einen Apfel als Geschenk mitbringen. Aber Pippa stolpert über eine Wurzel, und der Apfel rollt in den Maulwurfsbau. „Mi-mi-mist!" Pippa ist untröstlich. **Folge den unterirdischen Gängen, um den Apfel zu finden.**

Bevor Pippa und Kasimir in Betlehem eintreffen, wollen sie ihren heimlichen Verfolger loswerden. Sie legen eine falsche Fährte. Wo schicken sie den Fuchs hin?
Um das herauszufinden, folge den Pfeilen auf dem Weg.

Ich bin nur ein Apfel!

Endlich sind Kasimir und Pippa in Betlehem angekommen. Hier ist vielleicht was los. So viele Menschen! Aber wie sollen sie in all dem Trubel Maria, Josef und das Kind finden?
Kannst du sie entdecken? Der Stern hilft dir.

In einem Stall finden Kasimir und Pippa endlich die glückliche Familie.
„Kommt herein", sagen Maria und Josef.
Vorsichtig nähern sich die beiden dem schlafenden Kind. Kaninchen
ist stolz, als es sieht, dass das Jesuskind in seine Kuscheldecke
eingewickelt in der Krippe liegt. **Seine** Decke wärmt das heilige Baby.
Maus legt den Apfel dazu, und ihnen wird ganz feierlich zumute.
Dann erzählen sie Maria und Josef von ihrer abenteuerlichen Reise.

„Hast du gemerkt, dass ich gar nicht gestottert habe, obwohl ich ganz schön aufgeregt bin?", flüstert Pippa dem Kaninchen zu.

„Ja! Hab ich!", flüstert Kasimir zurück. „Zum Glück. Sonst hättest du uns noch als Kaka-Kasimir und Pipi-Pippa vorgestellt." Kaninchen knufft die schmunzelnde Pippa sanft in die Seite. Dabei stellt es verwundert fest, dass ihm vom großen Zeh bis zu den Ohrenspitzen kuschelig warm ist – ganz ohne seine Decke.

Rätsel 1

Schwein, Haus, Katze, Elefant, Kleeblatt, Fisch, Stiefel, Blume, Herz

Rätsel 2

13 Sterne

Rätsel 3

Rätsel 4

Rätsel 5

Rätsel 6

Rätsel 7

Rätsel 8

Rätsel 9

Habt ihr alle Rätsel lösen können? Hier findet ihr die Auflösung!